Martin
Gutl

Loblied vor der Klagemauer

Martin Gutl

Loblied vor der Klagemauer

Texte

Für sich allein, für viele.
Für den Religionsunterricht,
für den Gottesdienst.
Als Starthilfe
für Tagungen,
als Einleitung für Predigten
und Exerzitien,
für den Beginn
von Sitzungen etc.

VERLAG STYRIA

CIP-Titelaufnahme der Deutschen Bibliothek

Gutl, Martin:
Loblied von der Klagemauer : Texte / Martin Gutl. –
4. Aufl. – Graz ; Wien ; Köln : Verl. Styria, 1990
ISBN 3-222-11124-3

Mitglied der „verlagsgruppe engagement"

4. Auflage, 1990

Printed in Austria
Umschlaggestaltung: Hans Paar, Graz
Gesamtherstellung:
Druck- und Verlagshaus Styria, Graz
ISBN 3-222-11124-3

HANNS KOREN GEWIDMET

Zum Verständnis der Texte

Als Kaplan von Mürzzuschlag, als Studentenseelsorger, als Telefonseelsorger und als Kaplan in einer Grazer Innenstadtpfarre bin ich sehr vielen Menschen in entscheidenden Lebensphasen begegnet. Der tägliche Umgang mit Menschen, das gemeinsame Ringen nach Lebenssinn, das schutzlose Ausgesetztsein den Fragen der Verzweifelten, das Zerbrechen vieler Illusionen und Klischees, die mühsamen eigenen Lernprozesse haben Denken und Glauben geprägt.
Die Texte des vorliegenden Buches sind Einsichten und Erkenntnisse aus dieser Zeit. Ich bringe sie nicht in Form von Analysen und Aufsätzen, sondern in Form von rhythmischen Kurztexten.
Ich bitte Sie, lieber Leser, um eines: Lassen Sie sich beim Lesen Zeit! Die Einfachheit der Texte könnte zum „Drüberlesen" verleiten. Ich möchte die Bitte von André Gide wiederholen: „Verstehen Sie mich nicht zu rasch!"
Das Verständnis für meine Texte wächst nicht mit dem Maß der Schulbildung, sondern mit der Zahl der eigenen Lebenserfahrungen. Möge Ihnen dieses Buch eine Hilfe auf dem Weg zur Reife sein!

MARTIN GUTL

Wer bin ich?

Warum ich die Bücherflut vermehre

Ich habe
gehört,
gesehen,
empfunden,
gedeutet.

Ich schreibe,
weil ich gern schreibe.

Was ich anstrebe:
Täuschungen nehmen,
um für die Hoffnung
Platz zu machen.

Zur Selbsterkenntnis

> Erforsche mich Gott und erkenne mein Herz! Prüfe mein Herz und erkenne, was Unruhe mir verschafft! Schau nach, ob ich mich selbst betrüge, und lenke mich auf den richtigen Weg!
> *Psalm 138,23*

Wer bin ich am Morgen?
Wer zu Mittag? Wer am Abend?
Wer bin ich
überreizt,
überlastet?
Wer bin ich
erholt und gestärkt?
Wer bin ich bei der Arbeit?
Wer bin ich im Urlaub?
Wer bin ich in der Kirche?
Wer im Büro, in der Schule?
Wer war ich vor der Ehe?
Wer bin ich in der Ehe?
Wer bin ich beim Streit?
Wer bei der Umarmung?
Wer bin ich allein,
wer im Stadion,
wer beim Begräbnis?
Wer bin ich am Faschingdienstag,
wer am Aschermittwoch?
Wer bin ich zu Weihnachten?
Wer zu Ostern?
Wer bei Regenwetter,
wer an sonnigen Tagen?

Wer bin ich als Frau, wer als Mann?

Wie lange werde ich noch sein?

Wer bin ich?
Wer sagt mir, wer ich bin?
Buddha? Moses?
Christus? Mohammed?
Freud? Jung? Marx?
Die Zeitung? — Das Fernsehen?
Astrologen — Psychologen?
Wer bin ich denn?
Wer bin ich, wenn Gott tot ist?
Wer bin ich, wenn Gott lebt?
Wer bin ich,
wenn ich nicht bin?
Wer, wer, wer?
Keine Antwort gibt Ruhe!
Es bleibt nur das Wandern!
Ein Wandern durch dunkle und helle Zeiten!
Ein Wandern durch Wüsten und Gärten,
durch Häuser und Länder,
durch Bücher und Bilder,
durch Hände und Augen!
Was bleibt den Nomaden der Herzen und Hände?
Die Stille, das Schweigen, das Beten.
O ewig schweigendes Antlitz!
In Deinem Schweigen
liegt alle Weisheit für mich!
O schweigendes Antlitz,
in Deinem Antlitz erkenn' ich mich selbst!
O schweigendes Antlitz, vor Dir sammle ich mich!
O schweigendes Antlitz,
vor Dir werde ich Mensch!
O schweigendes Antlitz,
vor Dir kann ich sein, wer ich auch bin!

Wer bin ich geworden?

Wer war ich vor meiner Geburt?
Wer war ich als Kind?
Wer bin ich heute?

Was hat mich verändert?
Wer hat mich geprägt?
Denke ich ähnlich
wie vor zehn, zwanzig Jahren?

Wie denke ich heute von Gott?
Wie dachte ich einst von Gott?

Wer ist Gott heute für mich?
Menschenfeind?
Menschenfreund?
Diktator?
Befreier?

Nehme ich mich zur Kenntnis?
Schwäche ich mich durch Selbstvorwürfe?
Glaube ich an meine Würde?
Unterdrücke ich meine Fähigkeiten?

Lebe ich besinnungslos?
Frag' ich nur im Unglück: „Warum?"

Schweige ich, wo jemand ungerecht verurteilt wird?
Habe ich etwas zu sagen,
wenn ich rede?

Bin ich Feuer oder Asche?
Kalt, heiß oder lau?
Bewundere ich Jesus, ohne ihm nachzufolgen?
Wieweit liebe ich meine Feinde?
Wovon habe ich mich losgelassen?
Woran hänge ich noch?

Meine Einbildung und meine Erfahrung

Du sollst dir kein Bild machen!
Exodus 20,4

Mein Bild von meinen Eltern
und meine Erfahrung jetzt?
Mein Bild von meiner Ehe
und meine Erfahrung jetzt?

Mein Bild von meiner Frau,
von meinem Mann,
von meinen Kindern
und meine Erfahrung jetzt?

Mein Bild von meinem Beruf
und meine Erfahrung jetzt?
Mein Bild von den Parteien
und meine Erfahrung jetzt?

Mein Bild von mir selbst
und meine Erfahrung jetzt?
Mein Bild von Religion und Kirche
und meine Erfahrung jetzt?
Mein Bild von Engeln und Teufeln
und meine Erfahrung jetzt?
Mein Bild von meinem Gott
und meine Erfahrung jetzt?

Mein Bild vom Bild
und meine Erfahrung jetzt?

Gründlich betrachtet

Du hast zerstreut gesprochen.
Du hast Kraft vergeudet.
Du hast die Hektik gebracht.
Du hast die Ehre gesucht.
Du hast es nicht gewußt.
Du hast Zeit verloren.
Du hast dich selbst geirrt.
Du hast Menschen falsch beraten.
Du hast ihre Illusionen verlängert.
Du hast zu viel getan.
Du hast einen Auftrag nicht erfüllt.
Du hast nicht reifen lassen.
Du hast vor der Zeit geerntet.
Du hast den Lernvorgang verhindert.
Du hast Menschen sich selbst nicht finden lassen.

Du hast ihnen den Kampf erspart.
Du hast ihre Einsicht verzögert.
Du hast im Sinne der Menschen barmherzig
gehandelt.
Du hast im Sinne Gottes die Menschen
nicht geliebt!

Warten können

Warten können,
bis Herz und Verstand sich einig werden.
Bis ein Mensch zu schwätzen aufhört,
bis der Sinn eines Wortes sich erschließt.
Bis ein Süchtiger von seiner Sucht loskommt,
bis der Selbstgerechte sich bekehrt,
bis der Stumpfe empfindsam wird,
bis das Schweigen tiefer wird,
bis die Stille spricht,
bis ich mich selbst erkenne,
bis ich die Angst verliere,
bis ich die Reife habe.

Täglich neu anfangen

Täglich neu anfangen
unter Lebensmüden.

Täglich wahr sein
unter Lügnern.

Täglich verzeihen
unter Feinden.

Täglich lachen
unter Traurigen.

Täglich barmherzig sein
unter so vielen Unbarmherzigen.

Außer sich

Mein Gegenüber ist außer sich.
Seine Augen irren umher:
die Seele,
Quelle seiner Blicke und Gesten,
ist entschwunden.

Zurück blieb ein Leib ohne Geist.
Längst vor seinem Tod
hat er die Seele ausgehaucht.

Dein Gesicht vor uns

> Ich erhebe mein Antlitz zu Dir, der Du im Himmel wohnst!
> *Psalm 123,4*

Wohin soll ich schauen, Herr?
Die Plakate öden mich an.
Ihre Werbung
für die Vergänglichkeit
täuscht Bleibendes vor.

Die Menschen scheuen sich,
einander ins Gesicht zu blicken.

Da erhebe ich meine Augen zu Dir,
Du wendest Deine Augen
nicht von uns ab.

Seit Ewigkeit schaust Du uns an,
ruhig wie am siebenten Tag der Schöpfung,
mitten in der Hast unserer Städte.

Jakob kämpft

Ein Mensch ringt
mit seinen Tiefen.
Gott selbst kämpft mit ihm.

Der Mensch hält stand,
bis Gott nachläßt
und ihn segnet.
Jakob wird verwundet
und zieht hinkend weiter.

Er ist Gott nicht ausgewichen.
Er ist verwundet.
Er spürt jetzt innig:
Gott ist kein Traum,
Gott ist wirklich.

Eine einzige Zentrale

Alle haben
von einer einzigen Stelle
den Befehl erhalten:
Moses,
David,
Jesus,
Petrus,
Franziskus,
Luther King,
Camara.

Alle werden angesprochen.
Doch viele bleiben taub.
So bleibt das Werk des Moses,
des Franziskus,
des Camara
ungetan.
Wie lange noch?

Noch schlägt das Herz

Dasein dürfen,
wo es Morgen und Abend,
Wärme und Kälte,
Nähe und Ferne,
Täuschung und Klärung gibt.

Erwachen dürfen
nach einem Unfall,
nach einem Infarkt.
Noch Zeit bekommen.

Wieder anfangen dürfen,
das begonnene Gespräch
fortsetzen dürfen,
sich selbst verändern.

Mißverständnisse verringern,
seine Hast bekämpfen,
seinen Geiz besiegen,
sich von bösen Gedanken
gegen den Nächsten reinigen.
Sich sammeln,
das Schweigen üben,
das Wort vertiefen.

Ohne Umwege

Von Blick zu Blick,
von Hand zu Hand,
von Mensch zu Mensch.
Von mir zu dir:
Gibt es einen kürzeren Weg
zu Dir, o Gott?

Seit meiner Kindheit

Seit meiner Kindheit
bin ich den Menschen auf der Spur.

Ich fragte viel.
Ich blieb sitzen,
wo viele gingen.
Ich lasse die Menschen
nicht aus meinen Augen.

Seit meiner Kindheit
bin ich den Menschen auf den Fersen.

Auf diesem Weg hab' ich
viel von Gott entdeckt.

Die Zeit ist begrenzt

Die Zeit ist begrenzt,
den Menschen in die Augen zu schauen,
den Heuchlern die Wahrheit zu sagen,
mit der Schwermut fertig zu werden,
sich in der Treue zu üben,
sich in der Krise zu bewähren.

Die Zeit ist begrenzt,
Böses mit Gutem zu vergelten,
auf meine Tiefe zu horchen,
meine Freiheit zu nützen,
mich selbst zu ordnen,
zu sehen, zu hören,
zu spüren, zu beten.

Tage, Tage . . .

Tage der zusammengebissenen Zähne,
Tage der schwungvollen Tänze,
Tage der im Sand verlaufenen Pläne,
Tage der gelungenen Werke,
Tage mit ziellosem Hasten,
Tage mit gelassener Arbeit,
Tage mit geliebten Menschen,
Tage mit gehässigen Leuten,
Tage der Zerrissenheit,
Tage der Einheit,
Tage der unerhörten Gebete,
Tage der erbetenen Wunder,
Tage der Angst vor jedem Schatten,
Tage der unbesiegbaren Kraft,
Tage der Genüsse,
Tage der Entbehrung,
Tage in der Einsamkeit,
Tage in der Gemeinschaft,
Tage im Fegefeuer,
Tage in der Hölle,
Tage im Himmel,
Tage des Verrats,
Tage der Umkehr.

Und das Wort ist Fleisch geworden

Ich habe eine Hand berührt,
eine Hand aus Fleisch und Blut.

In dieser Hand lag eine andere Hand.
Sie kam von weiter her
als von meinem Gegenüber.

Geblieben ist die Hand,
die nicht berührt,
doch fester hält
als jede Hand von Fleisch und Blut.

Ich habe ein Gesicht gesehen,
ein Gesicht aus Fleisch und Blut.

In dem Gesicht sah ich ein anderes Gesicht.
Es kam von weiter her
als von meinem Gegenüber.

Geblieben ist der Blick,
der vor mir weiterwandert
wie der Stern von Betlehem.

Aus der Tiefe

Aus der Tiefe rufe ich zu Dir, o Herr!
Psalm 130,1

Je tiefer ich sinke,
desto stärker denke ich an Dich
in der Höhe, o Gott.

Aus der Langeweile
einer einflußreichen Runde,
aus den einfallslosen
Stunden einer Sitzung,
aus dem Zwiespalt
von Leib und Seele,
aus der Qual der Wahl,
aus der Abhängigkeit
von Geld und Menschen
ruf ich zu Dir, o Herr!

Zieh Deine Hand nicht zurück,
ich falle ins Nichts!
Ich brauche Dich
wie den Boden
unter den Füßen.

In der Folterkammer

> Vermessene legten mir Fallen und Stricke. Sie spannten ein Netz aus an meinem Weg und stellten mir Schlingen auf.
> *Psalm 140,6*

Verstrickt in Triebe und Zwänge,
von der Werbung besetzt,
kaufen, fernsehen, reisen müssen.
Mit vielen Seilen
an das Vergängliche gebunden.
So finde ich mich vor, o Gott.

Befrei mich, Herr!
Zerteile das Dickicht,
das mir den Weg
zu Dir und zu mir verdeckt.

Ziel meines Wartens

So schrei ich, Herr, zu Dir! Ich spreche: Du bist das Ziel meines Wartens, mein Erbanteil in der Lebendigen Land.
Psalm 142,6

Ich habe lange auf Reichtum gewartet.
Heute habe ich Geld
und kämpfe mit der Langeweile der Satten.

Ich habe lange auf Titel gewartet.
Heute bin ich geehrt
und merke, wie wenig das zählt.

Ich habe auf Menschen gewartet,
lange und schmerzlich.
Heute bin ich umgeben von Menschen
und merke, wie Menschen mich ausnützen können.

Ich habe auf Vorletztes gewartet.
Ich bin vorsichtig geworden.
Ich prüfe die Propheten,
die mir Verheißungen bringen.
Was bringen sie wirklich?
Belastung, Befreiung?

Ich habe auf das Vorletzte gewartet.
Heute weiß ich:
„Du bist das Ziel unseres Wartens."

Nach so vielen Gesprächen

Nach so vielen Gesprächen
mit Militanten und Pazifisten,
mit Intellektuellen und Naiven,
mit Fanatikern und Liberalen,
mit Schwärmern und Realisten,
mit Bettlern und Säufern,
mit Sadisten und Masochisten,
mit Mördern und Dieben,
mit Lebenslustigen und Lebensmüden,
mit Altruisten und Egoisten,
mit Seelsorgern und Managern,
mit Präsidenten und Straßenkehrern,
mit Kindern und Alten
folgt für mich
das Gespräch mit Gott.

Näher mein Gott zu Dir

Näher zur Seele,
näher zum Wesen,
näher zu Dir,
mein Gott!

Näher zu mir,
näher zu uns,
näher zu Dir,
mein Gott!

Näher zum Leib,
näher zum Geist,
näher zu Dir,
mein Gott!

Du erwartest viel von mir

Du erwartest viel von mir:
Frei werden
trotz meiner Triebe.
Unbegrenzt denken
trotz Raum und Zeit.
Mich von der Welt lösen
trotz Bindung an meine Sinne.

Dein Erwarten
weckt in mir die Kräfte,
die ich nie für möglich hielt.
Du hoffst auf mich
und erziehst mich zum Glauben an mich selbst.

Sei deiner Tiefe treu!

Sei deiner Tiefe treu!
Lauf nicht fort von dir!

Bleib bei dir in allen Zeiten.
Sei ganz du, und sei es gern!

Hilf dir selbst!
Geh zu dir nach Hause.
Warte und horche!

Sammle dich!
Zerstreu dich nicht!

Sei deiner Tiefe treu!
So wird sich Gott
in dir halten können.

Keiner entkommt seiner Seele

> Was nützt es dem Menschen, wenn er die ganze Welt gewinnt, aber an seiner Seele Schaden leidet.
> *Mattäus 16,26*

Und betäubst du dich mit Bier und Wein,
du entkommst deiner Seele nicht.
Und springst du ins Wasser,
um dich selbst zu ermorden,
du entkommst deiner Seele nicht.
Und drängst du den Geist zurück
und die Triebe nach vor,
du entkommst deiner Seele nicht.
Und baust du Luftschloß um Luftschloß,
du entkommst deiner Seele nicht!
Und fliehst du in den Lärm der lauten Musik,
du entkommst deiner Seele nicht!
Und fliehst du von einem Menschen zum andern,
du entkommst deiner Seele nicht.

Räche dich nicht,
wenn dich jemand betrügt,
wenn ein Mensch dich verrät.
Laß dich von Fassaden nicht blenden!
Keiner entflieht der Hölle in sich.

Du entkommst deiner Seele nicht,
am Tag nicht,
in der Nacht nicht,
im Leben nicht,
im Sterben nicht.
Du entkommst deiner Seele nicht!

Der Preis für den Irrtum

Von der Täuschung
zur Enttäuschung.
Vom Zweifel
zur Verzweiflung.
Von der Leidenschaft
zur Leidenszeit.

Die Preise
für den Irrtum
steigen mit der Zahl der Jahre.

Aufbau und Zerstörung
liegen in deiner Hand!

Wer aus den Folgen
seiner Tat nicht lernen will,
wird sich selbst vernichten.

Unsere Gnade heißt:
Täglich lernen dürfen.

Dein Weg

Verstehe die Schwachen,
doch folge den Starken nach!

Strebe nach dem Höchsten.
Das Mittelmaß nimmt dir die Kraft.
Das unerreichbare Ziel
hält dich wach.

Gib dich nicht mit
der halben Wahrheit zufrieden.
Sie ist der Anfang der Lüge.

Mach auf dem Weg der Reife nicht halt.
Die Rast ist nicht Ziel.
Gott erduldet das Stückwerk mit Barmherzigkeit.
Er freut sich über den vollendeten Menschen.

Aus dem Tag- und Nachtbuch eines Seelsorgers

Messe mit Kindern am Morgen.
Sie zeichnen
die Bibel. Farbenkräftige Bilder!

Stufen vom Staunen
zum Beten.

Für die Zeitung schreiben.
Sinn geben für
mehr als tausend Menschen.

Fahrt zur Nervenheilanstalt.
Besuche. Blicke. Weitergehen.
Überall Erwartungsfülle.
Hungersnot der Seelen.

Der Frühling drängt sich
durch Gitter.
Landschaft aus grauen Kleidern
und Gesichtern.
Zerbrochen an Weiß-nicht-was.
Was hat sie krank gemacht?
Keine Zeit für Fragen.

Am Schreibtisch.
Telefonate.
„Der nächste bitte!"
Das Essen wird kalt,
die Stirne ist heiß!

Das Programm der nächsten Zeit
besprechen.
Seelsorger unter sich.

Zum Friedhof eilen.
Die Urne segnen.

Erde, Asche und der Gedanke:
Das blieb als sichtbarer Rest!
Einst Mutter, jetzt Asche!
Das kann nicht sein!
Ich glaube an Gott!
Ich glaube an das ewige Leben!

Bei einer neunzigjährigen Frau.
Sitzen und hören.
Ein Jahrhundert im Gesicht auskosten.
Segnen und sich segnen lassen!

5 Minuten nach 5,
sich in der Kirche besinnen.
Die Wartenden eine Stunde vertrösten.

Liturgie besprechen.
Und wieder beraten.

Ein Mensch weint sich aus:
Tausend mal tausend Warum?

Zerbrochener Glaube,
enttäuscht durch das Leben.

Menschen beten vor mir,
konzentriert und gesammelt.

Bußandacht, Predigt.
Menschen schauen dich an.
Hast du Brote für sie
oder Steine?

Ein Kreuzweg schließt an:
Geben, immer nur geben!

Messe bei Freunden.
Sich ausrasten können
in Gott und in Menschen.

Besuch bei einem Trinker.
Lange Gespräche.
Sitzen, schweigen,
zuhören können.
Dasein, nichts als das!
Erlösung spüren.
Hand und Gesicht
zeigen die Wirkung
der Hoffnung.

Sich nach Hause schleppen.
Nicht schlafen können.
Noch warten, noch beten.
Endlich ruhen können.

Ein Tag zwischen „Warum"
und „TROTZDEM".

Wer sind wir?

Wissenschaft und Glaube

Übersättigt ist unsere Seele, da die Stolzen uns so verachten.
Psalm 123,4

Für die Frevler
kommen schlechte Zeiten.
Die Spötter werden
keine Hörer haben.
Die Gottesleugner
werden in der Wissenschaft
keine Stütze finden.
Die Forscher
drängen zum Grund vor
und erkennen:
Der Grund ist unfaßbar.
Die Arroganten
werden kleinlaut werden.
Uralte Worte und Gleichnisse
aus den heiligen Schriften
werden neue Kraft besitzen.
Für die Frevler
kommen schlechte Zeiten.

Der Spalt in der Mauer

Isoliert sein.
Gedemütigt werden.
Die Hoffnung verlieren.
Sich einmauern
in tausend Gedanken.
Friedhöfe lieben.

Bis eines Tages
ein Mensch dir begegnet.
Sein Blick dringt
durch den letzten Spalt
deiner Mauer und
trifft dich in der Tiefe.

Da erblickst du zum zweiten Mal
das Licht der Welt.

Im Grunde

Im Grunde
ist jeder Mensch ein Denker,
ein Dichter,
Maler,
Sänger.
Im Grunde ist jeder
ein guter Mensch.

Die meisten fürchten sich
vor ihrer Stärke.

Die meisten glauben nicht
an ihren Reichtum.
Sie versäumen so sich selbst.
Sie fragen zu spät:
Warum war mein Leben karg?

Leben können

Loslassen können,
ohne einen fallenzulassen.

Beten können,
ohne das Planen einzuschränken.

Lieben können,
ohne sich anzuklammern.

Zu sich finden,
ohne nur an sich zu denken.

Sich in Gott versenken können,
ohne sich aufzugeben.

Denken können,
ohne zu grübeln.

Wunder zu Kanaa

Sie haben
keine Kraft,
keinen Geist,
kein Feuer,
keinen Antrieb.
Sie hungern nach Wundern.

„Sie haben keinen Wein mehr."
Als sie die leeren Krüge sehen,
sind ihre Gesichter erstarrt.

Jesus wandelt
Wasser in Wein.

Wo Gott wirken darf,
wird das Wasser
zu Wein,
die Klage
zum Loblied.

Schöpfung

Vor der Schöpfung
war das Nichts.
Also liegt
im Nichts
der Keim
für unser
Weltall.

Vor dem Tage
kommt die Nacht.
Also ist das
Dunkle
die Quelle
für das Lichte.

Im Wort
Abgrund
ist das Wort
Grund
enthalten.

Im Zugrundegehen
stoß ich
auf den
Grund.

Je klarer ich
das Nichts erkenne,
desto näher
rückt die Stunde,
wo ich ohne jede Täuschung
die Fülle
sehen kann.

Brot des Lebens

Viele strecken ihre Hände
nach dem Brot des Lebens aus.
Wenn ein Freund sie enttäuscht,
ziehen viele ihre Hand zurück.

Viele strecken ihre Hände
nach dem Brot des Lebens aus.
Wenn einer am Boden liegt,
zerstört und verlassen,
der das Brot des Lebens braucht,
ziehen viele ihre Hand zurück.

Lasset uns den Menschen machen

> Lasset uns den Menschen machen nach unserem Bild
> und Gleichnis!
> *Genesis 1,26a*

Lasset uns den Menschen machen
nach unserem Bild und Gleichnis,
spricht der aufgeklärte Mensch.

Und er machte einen Menschen:
aufgebläht,
uneinsichtig,
ohne Sinn,
ohne Halt.

Kurz ist der Weg
von der Erfolgsgeneration
zum Degenerationserfolg.

Geben lernen

Ein reicher Mann hatte
schöne Frauen,
schnelle Autos,
große Häuser.

Als man bei der
Caritassammlung
an seine Tür klopfte,
ging er zum Nachbarn
Kleingeld holen.

Als man ihn zum Grabe trug,
nahm er nichts mit —
nur den Schmerz,
auf der Erde nichts gelernt zu haben.

Erst nach Mitternacht

Tagsüber darf er keine Schwächen zeigen.
Tagsüber muß er sich korrekt verhalten.
Tagsüber muß er gepanzert sein.
Tagsüber darf er sich kein Gefühl erlauben.

Erst am Abend,
im Kreis der Freunde,
hört man, wie ihm die Steine
vom Herzen fallen.
Erst nach Mitternacht sagt er ganz leise:
„Wenn ich ehrlich bin."

Erst nach Mitternacht
hat seine Seele Ausgang.

Requiem für eine Ehe

Sie sehnte sich
nach einem hohen Titel.
Er suchte
eine makellose Haut.

Ehe sie einander kannten,
setzten sie die Hochzeit an.

Er spielte seine Rolle.
Sie zeigte ihre Maske.

Ehe sie einander kannten,
waren sie geschieden.

Ist die Täuschung schon beendet.
Ist die Einsicht jetzt im Kommen?

Unauffällige Geisteskrankheiten

Jemanden abgöttisch lieben,
ihn abhängig halten.

Mit heiliger Begeisterung
die Dinge einseitig sehen.

Aus Vorurteilen
sein Wissen aufbauen.

Mit Formeln und Normen
den Geist auslöschen.

Mit sturen Gedanken
ein Gespräch beginnen.

Nach kurzem Verliebtsein
eine Ehe schließen.

Den Tod verdrängen,
ständig vergnügt sein,
die Stille fürchten,
heilig reden,
schäbig handeln.

Gott Vorwürfe machen,
statt sich selbst
zu erforschen.

Jesus! Warum mußt du leiden?

Wir haben anders gewollt als Gott,
deshalb kommt Dir der Schweiß!

Wir haben anders gedacht als Gott,
deshalb kommt Dir die Angst!

Wir haben anders gehofft als Gott,
deshalb kommt Dir der Zweifel!

Wir haben andere Maße als Gott,
deshalb kommst Du ans Kreuz.

Was hilft es?

Was nützen schnelle Autos
denen, die ohne Richtung sind?

Was nützen volle Teller
denen, die nach Liebe hungern?

Was hilft es, alle zu verstehen,
ohne einen zu bekehren?

Wozu die Heiligen verehren,
wenn keiner werden will wie sie?

Weinende Frauen

Es wird nicht berichtet,
daß Jesus auf dem Kreuzweg weinte.
Entlang des Weges
weinten Frauen.

Das Mitleid half hier nicht.
Jesus braucht nicht Tränen,
Phrasen der Entschuldigung.

Jesus wird getötet,
weil er nicht bereit ist,
mitzuraffen, mitzuhassen,
mitzurauben, mitzutöten.

Wie Jesus denken, wie Jesus handeln.
So werden wir die Welt verbessern.

Die bei den Tränen bleiben,
werden keine Kreuzigung
verhindern.

Wir hängen an so vielem

Wir fragen und fragen
und werden nicht weise.

Wir schreiben Bücher um Bücher
und wissen doch nichts.

Wir ziehen unsere Geschichte
wie Bleikugeln hinter uns her
und werden nicht klüger.

Denn wir hängen an
Gütern, an Menschen,
an Bildern und Worten.

Was uns Weisheit brächte?
Ohne Wunschbild
in der Fülle,
in der Leere,
im Hier
und Jetzt
leben können.

In Beziehung

Zwei Hände können klatschen,
eine Hand schafft es nicht.

Regen und Erde,
Sonne und Mond,
Meer und Land,
Mann und Frau,
Mensch und Mensch,
alles ist für die Beziehung da.

Zwei Ohren,
zwei Augen,
zwei Seiten,
zwei Sichten.

Nichts ist für sich allein,
alles ist für die Beziehung da.

Allein geblieben

Hände tasten
nach Menschen.
Die einen finden,
die anderen nicht.

Viele Hände
sind besetzt.
Viele haben keine Hand
zum Geben frei.

Die Hand,
allein geblieben,
verkümmert oder wird zur Faust,
wenn nicht der Ungreifbare
die leere Hand ergreift
und sie zum Geben
offen hält.

Sie wohnen abgedichtet

Sie lassen die Welt nicht ein.
Sie nennen
die Informationen übertrieben,
die Bilder geschmacklos.
Sie wehren sich
gegen die Direktübertragung
des globalen Elends.
Auf ihren Türen steht:
„Betteln und Hausieren verboten."

Sie lassen die Welt nicht ein.
Es ist leicht,
glücklich zu sein,
wenn man andere
hinaussperrt:
Die Schwangere, die nicht weiß,
wohin mit dem unehelichen Kind.
Den Strafentlassenen,
der keine Arbeit findet.
Den Gastarbeiter,
auf den niemand wartet.
Den Lebensmüden,
mit dem es mühsam ist,
zu reden.

Sie lassen die Welt nicht ein.
Sie wohnen abgedichtet.

Draußen und drinnen

Menschen feiern
miteinander Gottesdienst.
Sie singen fromme Lieder.
Sie singen von Tod und Auferstehung,
von Himmel und Hölle.
Sie schwören lauthals die Treue.

Auf der Straße geht ein Mensch vorbei,
der alles von außen hört:

Wen loben sie und wofür?
Was versprechen sie und wie oft?
Was bereuen sie und wie ernst?
Wie ehrlich sind die drinnen
zu denen draußen?

Was denken sie,
was fühlen sie,
wenn sie singen
und beten?

Wie viele kommen verändert
aus den Kirchen heraus?

Die Erstarrten

Sie begegnen einander
mit finsterer Miene.
Sie reden nicht viel,
sie kämpfen verbissen.

Sie kennen nur ihren
Stand-Punkt:
nur den Stand,
nicht den Fluß aller Dinge.

Sie sind wie Uhren
stehengeblieben.
Wer wird ihre Uhr zum Gehen bringen?

Die Satten werden gebeten

Die Satten werden gebeten,
sich die Informationen
der neutralen internationalen
Juristenkommission
über Detailszenen von Folterungen
in Ost und West durchzulesen.

Die Satten werden gebeten,
sich auf die letzten zwei Stunden
eines indischen Kindes zu konzentrieren,
das von seiner Mutter wegen Nahrungsmangels
im Urwald ausgesetzt wurde.

Die Satten werden gebeten,
sich in die Biografie
eines Verbrechers zu vertiefen,
der Vater und Mutter nie gekannt hat,
aber täglich das verbissene Gesicht
eines Anstaltsleiters sehen mußte.

Die Satten werden gebeten,
an einen Fremdarbeiter zu denken,
der in einem verbeulten Omnibus
zwischen Blechbüchsen wach wird.

Die Satten werden gebeten,
über ihren Arbeitsplatz, über ihren
Fußballklub,
über ihr Land, über ihre Kirchen
hinauszudenken.

Die Satten werden gebeten,
an das Ende der Energievorräte zu denken.

Die Satten werden gebeten,
daran zu denken,
daß nach einem Atomkrieg
die Erde unbewohnbar wird.

Die Satten werden gebeten,
an das Wort Jesu zu denken:
„Selig die Armen,
denn ihrer ist das Himmelreich!“

Der vergessene Gott

Baut der Herr nicht das Haus, mühen sich umsonst,
die daran bauen.
Psalm 127,1

Baut der Herr nicht die Welt,
wird sie zur Unterwelt.

Baut der Herr nicht das Haus,
gibt es kein Zuhause für dich.

Gründet der Herr nicht die Ehe,
wird sie zum Kerker für dich.

Lenkt der Herr nicht dein Leben,
läufst du ständig im Kreis.

Wohnt der Herr nicht in dir,
zerfällst du in Gedanken und Triebe.

Die Ewigkeit der drei Tage

> Warte, Israel, auf den Herrn. Denn beim Herrn ist Gnade, Erlösung in Fülle bei ihm.
> *Psalm 130,7*

Drei Tage warten:
Karfreitag,
Karsamstag,
Ostersonntag.

Vom Standpunkt der Ewigkeit aus
ist das Warten keine Kunst.
Doch mit dem Blick auf unsere Herzen
können drei Tage eine Ewigkeit sein:
bis zur Ankunft des Freundes,
bis zur Scheidung,
bis zur Versöhnung,
bis zur Genesung,
bis zum Betenkönnen.

Manch einer nimmt sich das Leben,
weil drei Tage,
die Frist zwischen Kreuzigung und
Auferstehung,
zu lange gedauert haben.

Liebe deinen Nächsten, der nach dir kommt!

Was für eine Welt lassen wir
den Nächsten hinter uns zurück:
Schlacken?
Verseuchte Gewässer?
Ausgelaugte Böden?
Eine Welt ohne Nahrungsreserven?

Eine Welt von feindlichen Völkern,
von friedlosen Reichen und empörten Armen?

Eine Welt der versteckten
und offenen Gewalt?

Eine Welt der Neurosen
und Ängste?

Eine Welt mit absurden Bildern,
Zeichen und Tönen?

Eine Welt ohne Stille
und ohne Gebet?

Eine Welt voll ratloser Menschen?

Was haben wir aus
der Erde
wirklich gemacht?

Einsamkeit im Hochhaus

Man sitzt
vor dem Fernsehschirm.
Der Fernsehfilm
saugt die Gespräche weg.

Einer hat abgeschaltet.
Er sieht alles schwarz!
Er findet keinen Anschluß.
Er wird sich seiner Not bewußt.

In hundert Räumen sieht man fern.
Den Nächsten sieht man leider nicht.

Im zehnten Stock
wartet einer.
Keiner kommt.
Er verzweifelt
und nimmt sich selbst das Leben.

Als man ihn nach Tagen
tot in seiner Wohnung findet,
sagen viele:
„Schade um den netten Menschen!
Wir wußten leider nichts von ihm."
Andere wieder meinen:
„Mir kann das nicht passieren!"

Der Tote aber schweigt.

Wozu ist ein Mensch fähig?

„Mein fehlender Arm
wird mich in den Himmel ziehen",
sagte die einarmige Frau
zu ihrem Mann,
der sich nach ihrem Unfall
von ihr trennte.

Ob er mit beiden Händen
sein neues Glück,
die neue Frau,
wird halten können?

Außenseiter

Ein Fisch,
hinausgespült von den Wogen des Meeres
bis zum äußersten Küstenrand.

Dort an den Felsen hängengeblieben.
Vom zurückflutenden Wasser
nicht erfaßt,
liegt er allein,
ringend nach Luft.
Wie er sich biegt,
wie er sich windet
draußen am Rande des Meeres,
so nahe am Wasser!

Da kommt einer
und wirft ihn ins Meer.
Diesmal ist er gerettet.
Wie oft wird er einen
Barmherzigen treffen?

Die anderen

Sie essen neben uns,
sie reden neben uns,
sie schweigen neben uns,
sie feiern neben uns,
sie trauern neben uns,
sie verbittern neben uns,
sie verzweifeln neben uns.

Wie anders sind sie wirklich?
Sie haben andere Ansichten
über Politik und Religion,
über Fußball und Musik.
Sie machen andere Witze,
sie tragen andere Kleider,
sie richten ihre Häuser anders ein.

Weil sie äußerlich anders sind,
sind sie uns fremd.

Im Grunde sind sie uns ähnlich.
Alle haben Sehnsucht nach Liebe.

Doch so gründlich denkt man nicht.
Noch immer quält uns
das ererbte Vorurteil
wie eine Erbschuld.

Meine Stadt in der Nacht

Menschen sind müde geworden.
Menschen ziehen sich in ihre Wohnung zurück.
Mauern verbergen zitternde Hände
und zuckende Augen.

Über, unter und neben
den Streitenden
breitet sich der Friede aus.
Viele wohnen zusammen
auf engem Raum.

Einige umarmen einander zum ersten Mal.
Viele sind zu zweit allein.
Einem ist heute die Frau gestorben.

Ein anderer stand bei der Geburt seines
Sohnes dabei.

Der Tag hat vieles gebracht.
Die Träume setzen den Tag
mit rätselhaften Bildern fort.

Sie kommen aus der Tiefe des Menschen.
Sich selbst kann keiner entfliehen.

Meine Stadt in der Nacht.
Alle suchen den Frieden.
Nur manche finden ihn nicht.

Meine Stadt braucht das Licht der Straßenlampen
und das „Ewige Licht" ihrer Kirchen.

Sich versöhnen können

Du bist mit einem Menschen zerstritten.
Du kannst ihn nicht sehen,
nicht hören, nicht riechen.

Er hat dich enttäuscht.
Du leidest an ihm.

Der Haß läßt nach.
Dein Denken setzt ein.
Du prüfst dich, du fragst dich.
Du hast dir ein Bild gemacht.
Er hat dir die Täuschung genommen.
Du hast dich betrogen.
Er ist anders geworden.
Dein Bild ist das gleiche geblieben.

Da zerschlägst du dein Bild.
Du gehst von neuem zu ihm.
Du siehst,
du hörst,
du spürst,
findest kein Bild.
Du findest ein Du.

Wohin erziehen?

Als Wunder kommt der Mensch
auf diese Welt.
Als Wunderlicher
geht so mancher wieder.
Was ist da geschehen?

Gedenke, Mensch, deiner Grenzen!

Millionen Menschen von gestern:
Erdhügel, Asche und Staub von heute.
Ihre Träume, ihre Pläne,
ihre Arbeit, ihr Schweiß,
ihr Segen, ihre Flüche,
ihre Freundschaft, ihre Zeichen,
alles von gestern,
Staub von heute?

Millionen Menschen von gestern:
Ihre Gespräche verklungen,
ihre Gedanken vergessen,
ihre Tränen versickert.
Zwischenland
zwischen Staub und Staub.

Gedenke, Mensch, deiner Grenzen!
Doch bleib nicht
vor dem Grabstein stehen!
Ergib dich nicht dem Staub!
Was in dir lebt und liebt,
kann sich vor und nach dem Tod
grenzenlos entfalten.

Dies irae, dies illa

In der Zwangsjacke,
im Gitterbett liegen.
Ein Zucken links,
ein Zucken rechts.
Die Freiheit endet
beim verschlossenen Ärmel.

Das Weltall
ist auf ein Bett
beschränkt.
Dies irae! Dies illa!

Der eine wird in die Jacke gezwängt,
der andere zwängt sich selbst hinein.

Er knebelt sich selbst
und weiß es nicht!
Dies irae! Dies illa!

Es werde!

Geburtswehen,
Todesschreie,
millionenmal.
Die Welt wird täglich neu.
Es wird Nacht,
es wird Tag,
ungezählte Male.

Die Welt wächst
seit Jahrmilliarden weiter.
Der Himmel und die Erde
werden mit jedem Tage
dichter.

Die Guten saugen Böses auf.
Sie bewegen Gott dazu,
das Experiment Welt
nicht abzubrechen.

Mord auf Raten

Man hielt es nicht für möglich.
So weit wagte keiner zu denken.
Die Zerstreutheit des einen
kann zum Tod des anderen führen.

Er ist zwischen Händen und Blicken
der Selbstgerechten zu Boden gestürzt. Tot!

Wir werden uns erkenntlich zeigen.
Es werden morgen zehn Zeilen
in der Zeitung stehen.
Es wird Gesprächsstoff im Gasthaus
und in den Geschäften geben.

Man wird weinen müssen,
zutiefst erschüttert sein.
Man wird von Tragik
und von Krankheit sprechen.

Nach der Heimkehr
vom Begräbnis
geht das Töten
durch Worte und durch Blicke
unaufhaltsam weiter.

Müde Zeitgenossen

Sie könnten lachen
und trauern dahin.
Sie könnten laufen
und humpeln dahin.
Sie könnten leben
und siechen dahin.

Viele hören die Worte
des Glaubens, der Liebe.
Die Worte dringen
in Menschen nicht ein.
Ihre Tiefen sind schon besetzt
von der dreifachen Angst
vor sich selbst,
vor dem andern,
vor Gott.
Dreifaltige Angst
verhindert die Freude.

Sie arbeiten tagaus, tagein.
Sie kämpfen und jagen.
Sie leiden viel und lernen wenig.
Sie fragen am Morgen: „Warum?"
Sie fragen am Abend: „Wozu?"
Sie ändern sich nicht.

Ihre Seele liegt wie im Grab.
Sie warten auf den Schöpfer Geist,
der zum zweiten Mal
den feurigen Atem
in die Ackerscholle bläst.

Nicht verteiltes Manna

Draußen vor den Türen der Kirche
stehen viele, zu viele.
Drinnen verteilen Priester
das Brot des Lebens.

Viele der Hungernden
kommen nicht
über die Schwellen der Kirche.

Die einen beten an,
die anderen schütteln den Kopf.
Es fehlt die gemeinsame Sprache.
Die einen stehen fassungslos
vor den Türen der Kirche,
die anderen vor den Türen der Herzen.

Wer ist schuld?

Betrunken
an der Straßenecke.
Noch dazu ein Bettler.
Ein Opferstock,
der lebt.

Er ist genügsam geworden.
Einst bettelte er um Liebe,
die er nicht bekam.
Heute bettelt er um Geld.

Ich kann den Anblick
nicht verdrängen.
Ein schwarzer Fleck
auf meiner weißen Weste!

Ich hatte Glück! Er nicht.
Bin ich „schuld" am Glück?
Ist er „schuld" am Unglück?

In der Feuerhalle

Unruhig,
hektisch,
von Termin zu Termin gehetzt,
stets auf der Flucht,
vor sich, vor den andern,
hin und wieder bei sich selbst daheim.
hielt er's nicht aus, bei sich zu sein.
So lebte er jahrzehntelang,
hatte Geld und Abenteuer.

Still und leise,
ohne Hektik, ohne Eile,
sanft und friedlich
schlossen sich die Türen:
beim Abschied
in der Feuerhalle.

Soviel Hast tagaus, tagein.
Soviel Stille in der Ewigkeit.

Vom „toten“ Gott

Manche haben
vom toten Gott geredet.

Die Gott für tot
erklärten,
sind inzwischen
selbst gestorben.

Wer will Gott erschaffen?
Wer will Gott vernichten?

Was braucht der Mensch?

> Selig zu preisen der Mann, der die Versammlung
> der Gottlosen meidet, der den Weg der Lügner
> nicht geht und nicht in der Runde der Spötter sitzt;
> er ist wie ein Baum an Wasserbächen gepflanzt.
> *Psalm 1,1*

„Ich brauche Gott nicht!"
sagen sie und brauchen
Frau um Frau, Mann um Mann,
Auto um Auto, Titel um Titel.
Sie werden nicht satt
und fühlen sich einsam.

„Ich brauche Gott nicht!"
sagen sie und brauchen Tabletten
und können nicht schlafen.

Von der Sehnsucht blieb die Sucht,
von der Liebe die Gier,
von der Politik die Intrige,
von der Macht die Gewalt,
von der Autorität der Zwang,
von der Technik die Angst,
vom Reichtum der Streit,
vom Glauben das Brauchtum.

Selig der Mensch, der Gott braucht!

Aneinander vorbei

Sie stritten lange
um Kleinigkeiten.
Sie warfen einander
Schwerwiegendes vor.
Sie hörten einander nicht.
Sie spürten einander nicht.
Sie kämpften stur um ihr Recht.
Sie gerieten ganz außer sich.

Es brauchte lange,
bis sie zu sich selbst
heimkehrten.
Dort angekommen, merkten sie:
sie hatten sich selbst verlassen.

Sie waren aneinander vorbeigegangen,
sie waren einander ausgewichen,
sie hatten einander nicht treffen können.
Es hatte sich Schatten
mit Schatten gezankt.

Opfer bringen

Bei „heißen Eisen"
ruhig sitzen bleiben,
sich selbst
einbringen und nicht
zu Formeln greifen.

Der Wirklichkeit
ins Auge schauen,
auf Kitsch verzichten,
sich nicht nur trösten lassen,
sich selbst verändern,
sich nie als Opfer fühlen,
sondern selber tätig sein.

Nicht Almosen geben,
sondern Menschen lieben
um des Menschen
und um Gottes willen.
Freigebig sein,
ohne die Klugheit aufzugeben.

Das sind die Opfer,
wie sie Gott gefallen.

Religiös sein

Religiös
heißt nicht
unklug,
engstirnig,
eitel,
ängstlich,
antriebslos,
feige,
fortschrittsfeindlich,
gönnerhaft,
selbstgerecht,
makellos,
rührselig,
harmlos,
einfallslos,
erstarrt.

Religiös denkt,
wer gründlich denkt.
Wer bis zum Grund
zu denken wagt,
wird Gott
entdecken können.

Glanzloses Menschsein

Wir schweigen nicht.
Wir lieben nicht.
Wir leuchten nicht.

Die Stunden sind leer.
Das Innige kann nicht wachsen.
Wir haben einander
wenig zu sagen
und betrügen einander
mit unserem Leib.
Lieben ist Frucht der Stille,
nicht der Leidenschaft.

Nur in der Stille kann
ein Mensch dem andern zeigen,
wie er im Innersten ist.

Nur in der Stille
findet Wesen zu Wesen,
Du zu Du,
Gott zum Menschen.

„Steig herab vom Kreuz!"

„Steig herab vom Kreuz!",
so schrien sie.

Wir wollen glauben,
wenn wir um das Kreuz herumkommen.

Wir wollen glauben,
wenn es nichts kostet.

Wir wollen glauben,
wenn wir nichts lernen müssen.

Wir wollen glauben,
wenn wir nicht denken müssen.

Wir wollen glauben,
wenn alles so bleibt, wie es ist.

Wir wollen glauben,
wenn unsere Ruhe nicht gestört wird.

Wir wollen glauben,
wenn das Mittelmaß das Ideal sein darf.

Wir wollen glauben,
wenn wir mit halben Lösungen leben dürfen.

Wir wollen glauben,
wenn wir Geld als Gott verehren dürfen.

Wir wollen glauben,
wenn wir den Feind vernichten dürfen.

Wir wollen glauben,
wenn der Glaube unsere Macht verstärkt.

Wir wollen glauben,
wenn die Wahrheit zum Lehrsatz wird.

Wir wollen glauben,
doch wir wollen uns nicht ändern.

„Steig herab vom Kreuz! Es ist noch Zeit!
Steig herab! Wir bitten dich.
Siehst du nichts ein!
Du bist allein mit deiner Wahrheit!
Steig herab und zeig,
daß du nur ein Mensch bist,
der zu schwach ist, zu seinem Wort zu stehen.
Steig herab vom Kreuz!
Gib nach, und sei vernünftig!
Wir wollen deinen Anspruch rasch vergessen!
Steig herab vom Kreuz,
wir folgen dir!
Dort oben bleibst du allein!"

Und er starb dort oben!
Als Zeuge der Wahrheit, nicht der Lüge.

„Suchet zuerst das Reich Gottes!"

Suchet zuerst das Ewige,
nicht das Vergängliche!

Suchet zuerst die Quelle,
nicht das Wasser!

Suchet zuerst Gott,
ihr werdet sicher sein.

Suchet zuerst Gott!
Er wird euch beraten.

Suchet zuerst Gott!
Ihr werdet euch von selbst entfalten!

Suchet zuerst Gott,
und ihr werdet trotz aller Fremde
stets in Gott zu Hause sein.

Suchet zuerst Gott,
und es wird sich alles
zu eurem Besten fügen.

Suchet zuerst Gott,
und ihr werdet euch finden.

Suchet zuerst Gott,
und ihr werdet auf den Grund kommen.

Suchet zuerst das Innen,
nicht das Außen!
Von innen kommt die Kraft,
nicht von außen!

Wer könnten wir sein?

Das Schicksal der Gerechten

Der Aufstieg Jesu
gipfelt im Kreuz.
Dort enden die Wege
der Gerechten.

CHRISTEN hoffen:
Am Ende ist der Anfang.
Sie sehen im Sterben das Gebären.

Lebenskunst

Nicht Propheten
und Patriarchen,
nicht die Heiligen
des Alten Bundes,
sondern Vögel des Himmels,
Lilien auf dem Felde
nannte Jesus
als Vorbild,
als er von der Kunst
des Lebens sprach.

Das Gesicht

> Das Volk, das im Finstern wandert, erschaut ein gewaltiges Licht.
> *Isaias 9,1*

Menschen mit Fragen ohne Antwort,
Menschen mit Sorgen ohne Aussicht,
Menschen mit Zweifeln ohne Glauben.

Du suchst ein Wort für sie.
Du findest keines.
Du suchst einen Ausweg für sie.
Es zeigt sich keiner.
Du suchst einen Erlöser für sie.
Es nähert sich keiner.

Du denkst hin,
du denkst her,
du denkst so,
du denkst anders.
Du gehst im Kreis mit deinen Gedanken.
Du siehst deine inneren Lichter verlöschen.

Du bist selbst von Fragen umstellt.
Du bist zum Zweifler geworden.
Da schaust du in das Gesicht
eines fünfjährigen Buben, der schläft.
Vertrauen ist greifbar vor dir.

Gesegnetes Nichtstun

Den Mut haben,
nichts zu tun,
reglos dazusitzen,
kurz oder lang.

Sich zu entspannen,
da zu sein,
ohne etwas festzuhalten,
frei werden.

Im Sterben
wird uns die Stille
als Person begegnen.

Der eine wird sie
als vertraut begrüßen,
der andere wird
vor ihr erschrecken.

Empfangen können

Den Seinen gibt's der Herr im Schlaf.
Psalm 127,26

Die Vertrauenden stellen sich hin
und sammeln sich:
Ihr Gesicht ist gelöst,
ihre Hände sind leicht,
ihr Blick ist heiter,
ihr Atem ist tief.
Was sie sagen, gibt Kraft.
Was sie tun, kommt aus der Mitte.

Die Verkrampften spannen sich an,
fürchten sich ständig,
verbrauchen sich selbst
und leben doch nicht.

An Gott liegt es nicht.
Gott gibt sich denen,
die vertrauen
und empfangen können.

Christsein

Ehrlich,
aber nicht lieblos.

Sensibel,
aber nicht gereizt.

Strebsam,
aber nicht verbissen.

Offen,
aber nicht unkritisch.

Treu,
aber nicht starr.

Überzeugt,
aber nicht fanatisch.

Gütig,
aber nicht dumm.

Gewaltlos,
aber nicht wehrlos.

Konsequent,
aber nicht rücksichtslos.

Erfolgreich,
aber nicht überheblich.

Humorvoll,
aber nicht ausgelassen.

Einfach,
aber nicht harmlos.

Von Gott erfüllt,
aber nicht weltlos!

Alles drängt zur Ewigkeit

Häng dich nicht
mit innerster Kraft,
die du für das Letzte brauchst,
an vorletzte Dinge!
Deine Zeit ist im Kommen.
Der Morgen dämmert.
Die Instrumente werden gestimmt.
Der Dirigent ist schon da.
Er hat den Taktstock erhoben.
Alles bereitet sich vor auf das Fest.

Sammle dich für den großen Tag!
Wehe, du denkst verbissen
an vergangene Tage,
wenn das Fest beginnt.
Dann wirst du abseits stehen
und erst das Loslassen üben.
Du wirst nachlernen müssen,
was du auf Erden versäumt hast.

Sehen und glauben

Meine Seele hoffte auf den Herrn,
mehr, als die Wächter auf das Morgenrot.
Psalm 130,6

Die abgemagerten Gesichter der Armen sehen
und an die Seligpreisung der Armen glauben.

Die angstvollen Augen vor dem Verhör sehen
und an die Seligpreisung der Verfolgten glauben.

Den Erschöpfungszustand der Wohltäter sehen
und an die Seligpreisung der Barmherzigen glauben.

Die verkannten Friedensstifter sehen
und an die Seligpreisung der Friedensbringer glauben.

Das allgemeine Weltelend sehen
und an die Worte des Propheten glauben:
„Ich hole euch heraus aus euren Gräbern!"

Das Evangelium

An ihren Früchten wird man sie erkennen.
Mattäus 7,16

An ihren Stimmen,
an ihren Häusern,
an ihren Liedern,
an ihren Büchern,
an ihren Freunden,
an ihren Ehen,
an ihren Kindern,
an ihrem Lachen,
an ihrem Schweigen,
an ihrem Reden,
an ihrer Trauer,
an ihrer Freude
wird man Christen erkennen.

Ein strahlender Mensch
beweist eindringlicher als Worte,
daß Gott im Menschen lebt.

Ich werde nicht sterben

Ich werde nicht sterben,
nicht wie ein Bach in der Wüste versickern.

Ich werde die Grenzen durchbrechen,
ich werde ein neues Ufer erreichen.

Ich werde neu denken und fühlen.
Mit neuem Leib, mit neuer Seele.
Im neuen Himmel, auf neuer Erde.
Oben und unten,
arm und reich,
stark und schwach,
Heimat und Fremde,
Tage und Nächte,
Lust und Schmerz
werden verblassen.

Ich werde nichts wollen,
ich werde nur sein.

Ich werde mir, ich werde Dir
nahe sein wie nie zuvor.

Ich werde mich wie ein Wassertropfen
mit dem Meer verbinden.

Existenz ist Liebe

Es strömt in einem fort.
Das All drängt
nach Empfängnis.

Sei still!
Das Wort ist unterwegs zu dir.

Sei still!
Die Hand hat sich
auf dich gelegt.

Sei still!
Die Last wird abgenommen.

Sei still!
Du siehst
den Grund.

Sei still!
Du wirst
von Kraft erfüllt.

Es strömt seit
Anfang an.
Gott ist aus sich
herausgegangen.
Es strömt in einem fort.
Seitdem ist Leben,
Gnade, Liebe.
Gott hat die Stille
als Sein Haus gemietet.

Sei still!
Gott kommt auf dich zu,
schneller als ein Lichtstrahl.

Christliche Logik

Wer sein Leben gewinnen will,
wird es verlieren.

Wer sein Ich verleugnet,
wird es finden.

Wer den Haß überwindet,
wird zur Liebe fähig.

Wer sich vom Besitzen löst,
dem fällt alles zu.

Wer sich nicht an die Erde klammert,
dem zeigt sich im Kleinsten das Größte.

Wer gibt, dem wird gegeben.
Wer mit dem Geben zögert,
dem wird genommen, was er hält.

Petrus oder die Geduld des Meisters

Wissen,
ein Mensch wird dich
nach drei Jahren Freundschaft
dreimal verleugnen.
Wissen,
zur Zeit der Kreuzigung
wird er sich verstecken.
Wissen, wie schwach ein Mensch
werden kann,
und trotzdem zu ihm „Felsen" sagen,
und auf einem solchen „Felsen"
eine Kirche bauen.

Wissen,
wie ein Mensch sich wandelt,
wie er ohne Angst
und ohne Falschheit spricht,
wie ein Mensch verfolgt wird
und doch stark bleibt.
Wie er stirbt am Kreuz
mit dem Kopf nach unten.

Wissen
um des Menschen Größe
zu einer Zeit,
wo nichts als Schuld zu sehen ist.

„Im Himmel wird nicht geheiratet"

Kirche und Staat,
Taufe und Ehe,
Beten und Glauben
sind Hilfen
im Vorhof des Himmels.

Im Himmel selbst
gibt es keinen Staat,
keine Kirche,
keine Taufe,
keine Heirat.

Im Himmel
entfällt das
Mittel zum Zweck.
Du schaust,
du erkennst,
du liebst
ohne Amt und Papiere
in Ewigkeit Amen!

Geliebtwerden

Als alle flohen,
blieb der Jüngste,
Johannes, der Apostel.

Er machte keine großen Worte
wie die Jünger,
die den Herrn verließen.

Jesus liebte ihn.
Das ließ den Jünger
aufrecht stehen
vor dem Kreuz
ohne Freunde
unter Feinden.

Es geht ineinander

> Auf werde Licht! Denn dein Licht ist da! Der Lichtglanz des Herrn strahlt über dir auf!
> *Isaias 60,1*

Die Zeit der tausend Fragen ist vorbei.
Du grübelst nicht. Du denkst.
Die Zeit der Zweifel ist vorbei.
Du glaubst nicht nur,
du spürst, du weißt.

Der Glaube hält,
was er verspricht:
Kreuz und Auferstehung.
Niederfallen,
aufstehen, niederfallen,
liegenbleiben.
Aufgehoben.
Weggetragen.
Geheilt, gestärkt.
Länger stehen, selten fallen.
Gelassen sein.
In der Trauer und im Jubel
den Berg Tabor und den Ölberg sehen:
Verklärung und Vernichtung.
Die Geschichte
ineinander fließen lassen.
Kreuzigung in der Auferstehung
und Auferstehung in der Kreuzigung
erfahren.

Die Hoffnung

Die Hoffnung fließt aus ewigen Quellen.

Mit den Augen,
mit dem Geist,
mit dem Leib,
mit allen Sinnen hoffen.

Die Hoffnung geht
nie aus.

Sie ist aus Gott
entsprungen.

Was macht dich stark?

Maria, siehst du nicht
den Gerechten
langsam ersticken?

Hörst du nicht den Spott
der Selbstgerechten?

Hast du nicht gehört,
daß sich dein Sohn
von Gott verlassen fühlt?

Worauf wartest du?
Warum läufst du nicht fort
in blinder Wut?

Warum stehst du aufrecht da?
Was macht dich stark,
wo alle Freunde
hinter verschlossenen Türen zittern?

Pieta

Seht die Mutter mit dem toten Sohn,
seht Maria, seht die Ruhe!
Siehst du den Toten nicht?
Seht Maria, seht die Ruhe!
Siehst du den Tyrannen nicht?
Seht Maria, seht die Ruhe!
Siehst du nicht, wie Gute scheitern?
Seht Maria, seht die Ruhe!
Siehst du die Gräber nicht?
Seht Maria, seht die Ruhe!
Siehst du nicht, wie Böse triumphieren?
Seht Maria, seht die Ruhe!
Siehst du nicht die unheilbaren Kranken?
Seht Maria, seht die Ruhe!
Seht die Mutter mit dem toten Sohn!
Seht Maria, seht den Glauben!

Ecce homo

Ausgestreckt,
ausgespannt
zwischen Gesetz und Gnade,
zwischen Himmel und Erde,
zwischen Gott und Mensch.

Er ist ein Kreuz geworden:
horizontal die Arme,
vertikal der Leib.
Jesus,
ausgesetzt auf zwei Balken
zwischen Himmel und Erde.
Kein Engel kam.
Kein Elias.

Nicht einmal Petrus.
Am Ölberg: Schweiß aus Angst.
Am Kreuz: Ein verlassener,
göttlicher Mensch.
Der Gottessohn.
Der Menschensohn.

Er ist zum Kreuz geworden.
Kein anderes Zeichen deutet das Leben
so hoffnungsvoll wie das Kreuz.

Nicht vom Brot allein

Nicht vom Brot allein
lebt der Mensch.
Nicht vom Körper allein,
nicht von der Seele allein,
nicht von der Gnade allein,
nicht von der Natur allein,
nicht von der Bibel allein,
nicht von der Zeitung allein,
nicht von der Kirche allein,
nicht vom Fortschritt allein,
nicht von der Tradition allein,
nicht vom Geist allein,
nicht von der Mystik allein,
nicht von den Fakten allein,
nicht von der Materie allein,
nicht vom Menschen allein
lebt der Mensch.

Nicht von sich allein lebt der Mensch,
sondern von jedem Wort,
das ihm zukommt.

Nicht von sich allein lebt der Mensch,
sondern von jeder Hand,
die ihm gereicht wird.

Nicht von sich allein
lebt der Mensch,
sondern von jedem Engel,
der ihm begegnet.

Der erfahrungsreiche Jesus

Der geborene Jesus.
Der wachsende Jesus.
Der gereifte Jesus.
Der schlafende Jesus.
Der zornige Jesus.
Der übermüdete Jesus.
Der hungrige Jesus.
Der liebesbedürftige Jesus.
Der zitternde Jesus.
Der selbstbewußte Jesus.
Der ironische Jesus.
Der gefeierte Jesus.
Der enttäuschte Jesus.
Der einsame Jesus.
Der fragende Jesus.
Der klagende Jesus.
Der gläubige Jesus.
Der hoffende Jesus.
Der geliebte Jesus.
Der liebende Jesus.
Und zu diesem Menschen
sagte Gott, der Vater:
„Du bist mein geliebter Sohn."

Der Mensch

Der Mensch im Arzt,
der Mensch im Priester,
der Mensch im Richter,
der Mensch im Lehrer,
der Mensch im Beamten,
der Mensch im Präsidenten,
der Mensch im Portier.

Wir suchen nicht die Rollen,
wir hungern nach den Menschen.

Von Apparaten ist die Erde überbevölkert,
der Mensch droht auszusterben.

Am Kreuz

Noch denkt Jesus an ein Wunder,
das sein Vater wirken könnte,
noch denkt er an seine Jünger,
die ihn stützen könnten.
Noch hört er den Spott der Pharisäer.
Noch fragt er in seiner Not:
„Warum hast du mich verlassen?"
Bis er sich löst von seiner Mutter
und sie dem Johannes übergibt.
Bis er sich löst von seinem Freund
und ihm Maria übergibt.
Bis er sich löst von seinem Wunsch,
ein Wunder soll geschehen.
Bis er sich fallen läßt.
Jetzt kann er sterbend sagen:
„In deine Hände leg' ich mich."

Wer bist Du?

Sich ausweinen können

Sich ausweinen können,
sich ausschreien können,
klagen können über eine Schöpfung,
wo Unschuldige leiden müssen.

Hiob sein dürfen
und Gott fragen können.

Sich aufregen können vor Gott
über die grausamen Rätsel der Geschichte.

Leiden können an den Steinen,
die statt des Brotes
in Seinem Namen angeboten werden.

Aufschreien können,
wenn ein Guter scheitert.

Traurig sein können
über die Schläfrigkeit der Christen.

Sich ausklagen können und spüren:
Er versteht dich,
wie dich keiner versteht!
Denn ein Mensch wäre davongerannt
oder wahnsinnig geworden,
müßte er hören,
was ich Gott sage.

„Meine Gnade, meine Liebe genügt dir!“

Im Armenviertel geboren werden.
Meine Liebe genügt dir.

In frühen Jahren die Eltern verlieren.
Meine Liebe genügt dir.

Lernen wollen, arbeiten müssen.
Meine Liebe genügt dir.

Nach mühsamem Aufstieg fliehen müssen.
Meine Liebe genügt dir.

Mit nichts beginnen.
Meine Liebe genügt dir.

Keine Arbeit finden.
Meine Liebe genügt dir.

Im fremden Land keine Freunde finden.
Meine Liebe genügt dir.

Gedemütigt werden.
Meine Liebe genügt dir.

Hungern müssen.
Meine Liebe genügt dir.

Seine Liebsten verlieren.
Meine Liebe genügt dir.

Allein dastehen.
Meine Liebe genügt dir.

Überlastet sein.
Meine Liebe genügt dir.

Bekämpft werden.
Meine Liebe genügt dir.

In seiner Ehe scheitern.
Meine Liebe genügt dir.

Unheilbar krank sein.
Meine Liebe genügt dir.

Sterben müssen.
Meine Liebe genügt dir.

Selig, die nichts von
meiner Liebe spüren
und doch an meine Liebe glauben.

Das Versprechen von Menschen

> Setzet auf Fürsten nicht euer Vertrauen, auf einen Menschensohn, bei dem es Hilfe nicht gibt.
> *Psalm 146,3*

Einer ist absolut treu,
ein Mensch kann untreu werden.

Einer steht zu seinem Wort,
ein Mensch kann bestochen werden.

Einer hält seit Ewigkeit durch,
ein Mensch kann zusammenbrechen.

Einer erträgt alles,
ein Mensch kann ungeduldig werden.

Ich vertraue dem Menschen
mit meiner Erfahrung:
Er ist ein Mensch.

Ich vertraue auf Gott
mit meinem Glauben:
Er ist Gott!

Der Mensch fragt, Gott fragt

„Wo bist du, o Gott?
Jenseits
der Geplagten?
Unter uns?
Über uns?
Wo bist du, o Gott?
Warum verbirgst du dich?"

„Wo bist du, o Mensch?
In dir?
Außer dir?
Unter den Menschen?
Über den Menschen?
Wo bist du, o Mensch!
Warum verleugnest du dich selbst?
Ich sehe Masken, Apparate?
Worin versteckst du dich?"

„Was denkst du über mich, o Gott?"
„Was denkst du über mich, o Mensch?"

Vor den Gräbern

Wir warten vor den Gräbern.
Wir tasten mit den Blicken
die Steine und Hügel ab.
Wir stehen unschlüssig da,
bis ein Windhauch die Blumen bewegt.
Bis ein Wort aus der Tiefe
uns trifft,
bis der Boden unter uns fest wird,
bis wir jedes Fortgehen
als Heimgehen erkennen und spüren.

Einmünden

Die kleinen Bäche münden in Flüsse.
Die Flüsse eilen dem Strom zu.
Die Ströme zieht es ins Meer.

Dort sammeln sie sich.

Wir hasten und fliehen,
bis wir uns finden,
bis wir daheim sind
im ewigen Urquell.

Einer fürchtet sich nicht

Gezeiten des Lebens:
Einatmen, ausatmen,
geben und nehmen,
nehmen und geben.
Manche fürchten sich.
Sie atmen spärlich.
Manche fürchten,
es könnte für den nächsten Atemzug
nicht reichen.
Manche fürchten sich.
Sie ziehen die Hand zurück.
Manche fürchten,
man könnte einander spüren.
Manche fürchten sich.
Sie öffnen ihre Augen nur halb.
Manche fürchten sich.
Sie sind ständig tätig.
Manche fürchten,
die Stille könnte sie stören.
Einer fürchtet sich nicht.
Er hat eine Welt erschaffen.
Seitdem ist eine Erde geworden,
wie sie jetzt ist.
Er zittert nicht
vor dem dritten Jahrtausend.
Er fürchtet sich nicht
vor dem freien Menschen.
Er fürchtet sich nicht,
Seine Hände offenzuhalten
trotz der Berge von Steinen
die wir in Seine Hände legen.
Seine Hände bleiben in Ewigkeit offen.

Anruf

Bei der Trauung,
bei der Geburt,
bei der Taufe,
bei der Scheidung,
bei der Versöhnung
der Anruf: „O Gott!“

Auf dem Meer,
in der Luft,
auf der Erde
der Anruf: „O Gott!“

Beim Anblick der Dome,
beim Hören der Musik
der Anruf: „O Gott!“

Am Tag,
in der Nacht,
im Leben,
im Sterben
der Anruf: „O Gott!“

Der auferweckte Lazarus und Jesus Christus

Jetzt bist du da!
Jetzt leb' ich wieder!
Ich dachte schon:
Das ist das Ende.

Ich dachte schon:
Es gibt doch nichts,
ich habe mich getäuscht.
Jesus war ein Schwärmer.
Ich dachte schon:
Es ist aus.

Jetzt bist du da!
Jetzt fängt es an!

Die Binden fallen,
ich bin frei.
Ich schaue neu.
Ich denke neu.

Ich lebe
erst einen Tag!

Nicht fliehen, hindurchgehen!

Du sollst nicht ohne Erde
in den Himmel kommen.
Gott ist Mensch geworden,
um den Himmel in der Erde
zu verankern,
um im Leib das Licht
anzuzünden,
um das Starre zu beseelen.
Um das Leben zu verdichten.

Gott ist Mensch geworden
als Hilfe für den Menschen.
Nicht um unser Denken
mit neuen Dogmen
zu belasten.

Offene Grenzen

Der Himmel ist offen.
Keiner hat ihn zugesperrt.
Die Engel steigen auf und nieder.
Leider ist auch die Hölle offen,
und die bösen Geister
gehen bei den Menschen aus und ein.
Keiner bewacht die Grenzen
zwischen Diesseits und Jenseits.
Es gibt unzählige Brücken
zwischen den Grenzen.
Wer Augen hat, der schaue!
Wer beten kann, der bete!

Gott geht mit

> Der Herr, der Gott eurer Väter, der Gott Abrahams,
> Isaaks und Jakobs, hat mich zu euch gesandt.
> *Exodus 3,15*

Gott ist.
Gott ist kein Hirngespinst.
Gott versteckt sich nicht.
Gott geht mit.

Gott ist Du.
Gott ist treu.
Gott geht mit Moses
zu Pharao,
ins Meer,
in die Wüste.

Gott geht mit
ins Getto,
ins Gefängnis,
in die Folterzelle,
zur Prüfung,
zum Traualtar,
zum Scheidungsrichter,
ins Altenheim,
ins Sterbezimmer!

Gott ist nicht feige,
Gott geht mit!

Wo bleibt Gott?

„Alle Kinder töten!"
sagte der Pharao.
Der Himmel schwieg,
Gott ließ es zu.
Ein Kind kam durch.
Man zog es aus dem Wasser
und brachte es
zum Königshof.
Das genügte,
um ein Volk zu retten.

Nicht der Rauch der Brandopfer

Nicht nur der Weihrauchduft
aus den Kirchen und Domen,
sondern auch der Schrei der Gefolterten
aus zweihundertfünfzig Nationen
dringt zu Dir empor, o Herr!

Nicht nur die heiligen Gesänge
aller Riten und Liturgien
erreichen Dich, Herr,
sondern auch das „Warum?"
millionenfach
aus Krankenhäusern,
Altersheimen,
Pflegestätten.
Du hörst seit Jahrtausenden
die Seufzer der Tiere und Menschen.

Du hörst millionenmal:
„Ich kann nicht mehr",
zu Dir kommt millionenmal:
„Ich liebe Dich."

Du bist!
Du bist die Fülle von Freude.
Du bist die Fülle von Schmerz.
Du bist,
während wir werden!

In Erinnerung an Kurt

Gott ist von seinem Kontrollturm
heruntergestiegen und hat sich
unter die Menschen gemischt.

Die Erzengel zogen es vor,
im Himmel zu bleiben.
Sie dachten,
der Teufel schläft nie.

Gott verbringt seine Zeit
nicht mit dem Bewachen von Menschen.
Gott nimmt sich Zeit
für die Gespräche mit Eltern und Kindern,
mit Propheten und Weisen.

Gott schaut nicht auf uns herab
wie ein Diktator.
Gott hat sein Fernglas weggelegt.
Er hat sich zu uns gesetzt.

Er hat sich selbst gesagt:
Ich habe den Menschen erschaffen,
ich glaube an ihn.

Geborgen und ausgesetzt

„Mein Gott, warum hast du mich verlassen?“
So starb Jesus bei Markus!
„In deine Hände lege ich mich.“
So starb Jesus bei Lukas!

Wie starb er wirklich?
Geborgen und ausgesetzt,
verlassen und gelassen.

Freude am Wagnis

Gott fühlt sich nicht wohl
im Marionettentheater.
Er hat Lust
am freien Menschen.
Er hat Freude
an der Begegnung.

Gott fördert die Freiheit des Menschen
bis zum Widerstand gegen Gott selbst.

Gott fühlt sich nicht wohl
im Marionettentheater.
Er wagt
die Freiheit des Menschen.
Er hat Freude am Wagnis,
weil er den Menschen liebt.

Späte Begegnung

Sie suchten Ihn nicht,
sie vermißten Ihn nicht,
sie fragten nicht nach Ihm,
sie brauchten Ihn nicht,
sie kamen ohne Ihn aus.

Erst als ihr gefeiertes Gesicht verwittert war
und ihre Hände zitterten,
erst als man sich vor ihnen nicht mehr verbeugte
und ihr Besitz sie nicht mehr erfüllte,
da gingen ihnen die Augen auf, und sie sahen Ihn.
Er hatte Zeit, auf sie zu warten.

Halleluja!

> Halleluja! Lobsinget Gott in seinem Heiligtum,
> lobsinget Ihm in Seiner machtvollen Feste!
> *Psalm 150,1*

Es lobt Dich, Herr, Gott Sabaoth,
Orgel und menschliche Stimme!
Es lobt Dich, Herr, Gewölbe und Boden aus Stein!
Es loben Dich Haupt- und Seitenschiff!
Es loben Dich Fenster und Mauern,
Es loben Dich Gitter und Türen!
Es loben Dich Nischen und Ecken,
Säulen und Statuen,
Tore und Windfang,
Glocke und Turmuhr,
Beichtstuhl und Taufstein,
Bilder und Fresken,
Kerzen und Ewiges Licht!

Es loben Dich Priester und Volk,
Lektor und Sänger!
Es lobt Dich unsere Kunst,
herrlicher, unendlicher Gott!
Hand geworden
in der Wölbung der Kirche.
Fenster geworden
für den schauenden Beter.
Ewiges Geheimnis des Seins,
Mensch geworden und Geheimnis geblieben,
Bild geworden und alle Bilder verlassen,
ewiger, unbegreiflicher Gott!

Herr, es ist Zeit!

Einst knietest Du auf dem Ölberg,
schweißüberströmt,
mit der Angst
vor dem Nichts.
Jetzt bist Du geborgen im ewigen Grund.
Wir zittern vor der Zukunft der Welt.
Du hältst die Welt mit ruhigen Händen.

Du bist vollendet.
Du bist verklärt.
Du bist der Versuchung
entzogen.

Wir sind mitten im Kampf.
Du siehst das Ziel der Geschichte.
Wir sehen nur Verwirrung und Chaos.

Wir tragen schwer
an der Erde, Herr!

Schick uns den Geist, Deinen Geist!
Es ist Zeit!
Wir haben uns an Dein Schweigen gewöhnt.
Das Zweifeln hat unseren Glauben erstickt.
Wir erwarten uns zu wenig von Dir.

Send uns den Geist!
Wir brauchen die Kraft
der Propheten,
den Geist Deiner Jünger!

Gib uns den Mut des David wieder!
Wir werden Goliat in uns besiegen!

O Du dreifaltiges Geheimnis

O Du dreifaltiges Geheimnis,
Du über uns!
Vater und Richter!
O Quelle des Seins!

Du mit uns!
Bruder und Meister!
Quelle der Weisheit!

Du in uns!
Beistand und Tröster!
Du Quelle der Liebe!

Du dreifaltiges Geheimnis
der Menschen!
Du schaust auf uns!
Du sprichst mit uns!
Du strömst in uns!
Du dreifaltiges Geheimnis!

Gib uns die dreifaltige Liebe
zu uns,
zu dem andern,
zu Dir, o Gott!

Eine uns wieder
mit uns,
mit den andern,
mit Dir, o Gott!

Sonst sterben
wir auf der Flucht
vor uns, vor dem andern,
vor Dir, o Gott!

Laß uns leben
vor Dir,
mit Dir,
in Dir,
o dreifaltiger Gott!
Amen.

„Nehmt und esset, das ist mein Leib"

Nehmt von meiner Kraft,
Nehmt von meinem Geist,
nehmt von meinem Gott!

Das ist mein Leib!
Das ist mein All!
Das bin ich!

Brot des Lebens,
nicht des Todes.
Brot des Friedens,
nicht des Hasses.
Brot, das eint
und nicht zertrennt.

O ewiges Licht!

Du weißt um das Licht,
Du weißt um die Nacht.
Du hast Freude am Licht.
Milliarden von Sonnen sind in Deinem
Weltall entstanden.
Du liebst das Licht.

In Dir ist alle Leuchtkraft
gesammelt.
Wir verlieben uns rasch
in unsere Schatten.
Wir geizen mit unserem Lächeln.

O unendliches Licht,
breite Dich in unserem Wesen aus,
dehne Dich aus
bis in unsere Augen,
daß die Welt
zu leuchten beginnt.

Du grundloser Grund

Wie durchschaust Du mich,
ohne mich zu sehen!
Wie durchdringst Du mich,
ohne faßbar zu sein!
Wie sprichst Du in mir,
ohne mit einer Stimme zu reden!
Wie liebst Du mich,
ohne mich zu berühren!

Du unfaßbares Geheimnis des Seins!
Du lautlose Tiefe in uns!
Du Brunnen in uns!
Du grundloser Grund in uns!
Du ewiges Licht
über unserem Abgrund!
Du gestaltloses DU!

Was wir von Dir begreifen,
das bist nicht Du!
Wie scharf wir auch denken,
wir erfassen Dich nicht!
Was wir zeichnen und malen,
darin wohnst Du nicht.
Du unfaßbar ewiger Gott!
Du bist uns in allem voraus!
Du unerreichbares Du
und doch uns näher als unsere Haut.
Die Ewigkeit wird zu kurz sein,
um Dich zu ergründen.

Du kennst keine Eile.

Du unendliche Fülle,
Du strömst in uns,
Du öffnest dich uns
mit jeder Blüte,
mit jedem Gesicht.

Du wartest auf uns,
bis wir Dich plötzlich entdecken,
in der Libelle,
im Rad eines Pfaus,
im Schrei eines Kindes.

Du hast Zeit,
uns nahezukommen.

Du hast Zeit.
Du bist ewig,
Du läßt uns Zeit auf dem Weg zu Dir.
Du fürchtest Dich nicht
vor unserem Irrweg.
Du läßt uns Zeit,
bis wir Dir
unwiderruflich,
unwiderstehlich,
entscheidend begegnen.

Unsere Leere schreit nach Deiner Fülle

Komm, Heiliger Geist,
in unsere Städte,
in unsere Häuser,
in unsere Familien,
in unsere Augen,
in unsere Herzen.

Ohne Dich lesen wir Bücher
und werden nicht weise,
ohne Dich reden wir lange
und werden nicht eins.
Ohne Dich sehn wir nur Fälle,
Zahlen und Fakten.

Ohne Dich zerfällt unser Leben
in eine Reihe von sinnlosen Tagen.
Ohne Dich werden wir treulos.
Ohne Dich endet unser Denken im Wahnsinn.
Ohne Dich zerstört uns die Technik.
Ohne Dich werden die Kirchen Museen.
Ohne Dich wird das Beten Geschwätz.

Ohne Dich wird unser Lächeln erstarren.
Ohne Dich wird unsere Umwelt verwüstet.

Komm, Heiliger Geist,
unsere Leere schreit nach Deiner Fülle!
Komm, Schöpfer Geist!
Mache die Welt zur Wohnung für Dich!

Du hast keinen vollendet erschaffen

Du hast keinen vollendet erschaffen.
Schritt für Schritt werden wir Menschen.
Du fehlst uns so oft,
daher machen wir Fehler!
Wir lieben einander zuwenig.
Wir wagen nicht,
an Dein Dasein zu glauben.
Kaum entdecken wir Dich
in den Sternstunden des Lebens,
laufen wir von innen nach außen.
Du bist leise geworden,
wir sind zu laut.
Du drängst uns nicht.
Ab und zu läßt Du uns wissen
durch Zeichen und Bilder,
durch Blicke der Kinder,
durch Gesänge und Gesten,
durch Glück und durch Unglück:
Wir sind stets am Anfang des Lebens.
Wir fragen und weinen uns
durch die Tage des Lebens,
bis wir so nehmen und geben können,
wie es Kinder tun,
bis der Stolz in uns
sich in wortlose Anbetung wandelt,
bis unser Grübeln und Denken
in ein einziges Kyrie mündet,
bis wir nach so vielen Irrwegen
in einem fort stammeln:
Du weißt alles, o Gott,
Du weißt, wie sehr wir Dich suchen,
wie sehr wir Dich brauchen,
um lieben, um leben zu können.

Der Herr ist mein Hirt

Nachdichtung des Psalms 23

Der Herr ist mein Hirt,
nichts kann mich töten.

Menschen beobachten mich.
Sie urteilen schnell.
Sie kennen mich kaum.
Ich bete zum Herrn.
Der Herr ist mein Hirt.
Sein Blick reicht
bis zum Grund meiner Seele.
Sein Blick birgt
alle Güte der Welt.

Der Herr ist mein Hirt,
nichts wird mir fehlen.
Er wird nicht müde,
Tag und Nacht mein Beten zu hören.
Er bricht nicht zusammen
unter der Last, die ich ihm übergebe.
Er gibt mir die Kraft,
unverdrossen zu helfen.
Der Herr ist mein Hirt,
nichts kann mich töten.

Die Tage vergehen,
Menschen eilen vorüber an mir.
Ich sehe ein Hasten und Eilen
durch Städte und Länder.
Ich ahne die wachsenden
Schatten rund um die Welt.

Doch ich weiß:
Der Herr ist mein Hirt,
nichts kann mich töten.

Meine Umgebung versteht mich nicht.
Sie tragen Masken und öffnen sich nicht.
Sie reden geschwätzig.
Sie geben mir nichts.
Ich ertrinke im Schweigen.
Ich finde das Wort nicht,
das mich mit ihnen verbindet.
Der Herr ist mein Wort,
das Nähe mir schafft.

Ich frage und suche,
ich denke und forsche,
doch die Frage brennt ständig in mir:
Woher und wohin!
Der Herr ist mein Hirt,
er zeigt mir den Weg
vom Grübeln zum Glauben,
vom Engpaß ins Weite.

Die Unruhe der Welt
bedrängt mich sehr.
Beim Herrn finde ich
Stille und Ruhe.

Er ist mein Fels,
wo alles sich auflöst.
Er ist mein Halt,
wo alle Stützen zerbrechen.

Er steht, wo wir fallen.
Er liebt, wo wir hassen.
Er schweigt, wo wir irren.
Er ist, wo wir werden.

Der Herr ist mein Hirt,
nichts kann mich töten.

Und muß ich durch dunkle Schluchten gehen,
ich fürchte kein Unheil.
Er ist bei mir.

Inhaltsverzeichnis

WER SIND WIR?

WER BIST DU?